Fascinantes preguntas y respuestas de la Biblia

Tomo II

© 2002 Editorial Caribe, Inc.
Una división de Thomas Nelson, Inc.
Nashville, TN & Miami, FL, EE.UU.
www.caribebetania.com

Título en inglés: Nelson's Amazing Bible Trivia

© 2000 por Thomas Nelson Publishers, Inc.
Publicado por Thomas Nelson Publishers, Inc.

A menos que se señale lo contrario, todas las citas bíblicas
son tomadas de la Versión Reina-Valera 1960
© 1960 Sociedades Bíblicas Unidas en América Latina.
Usadas con permiso.

Traductor: Ricardo Acosta

ISBN: 0-89922-634-5

Impreso en Canada

Printed in Canada

Tabla de Contenido

Prólogo

La Biblia está llena de fascinante información. ¡Descubrimos esto mientras estudiamos cuidadosamente las abundantes preguntas y respuestas que la enriquecen! Tomamos muy en serio la Biblia, como la Palabra inspirada de Dios, y trabajamos arduamente para garantizar que este libro sea lo más exacto posible. Todas las referencias pertenecen a la versión Reina Valera; todas las preguntas y respuestas se han examinado para estar seguros de que la interpretación sea exacta y que esté tratada con el mayor respeto.

¡Fascínese con la información que descubrirá en este segundo tomo! Usted no solo tiene en sus manos miles de preguntas acerca de la Biblia y otros temas relacionados. ¡También aparece un poco de información en las secciones «¡Qué te parece!», la cual se sumará a su conocimiento de la Biblia y de las épocas en que se escribió. Hallamos especialmente útiles estas ventanas de información, pues ayudan a poner los hechos bíblicos en concordancia con la historia secular.

Sin duda alguna, mientras usted lee este libro se sorprenderá, se impresionará y hasta se divertirá por los hechos que descubrirá. ¡Ríase! ¡Disfrute las Escrituras que Dios nos da! Alimente su sentido del humor. Recuerde: Salomón, renombrado por su sabiduría, dijo que hay un «tiempo de reír» (Eclesiastés 3.4).

Finalmente animémonos unos a otros con el conocimiento y la experiencia que desarrolla en nosotros el estudio de la Biblia. Ella está llena de ideas prácticas para la felicidad y el propósito en esta vida, así como de promesas para la vida eterna. Hable de ella con familiares y amigos. ¡Esperamos que al disfrutar Fascinantes preguntas y respuestas de la Biblia se añada alguna curiosidad a su estudio de la Palabra!

Prefacio

¡Me alegra mucho que usted haya agarrado un ejemplar del segundo tomo de Fascinantes preguntas y respuestas de la Biblia! Espero que este libro le sea tan útil como el primero mientras explora los temas en la Biblia. Aunque algunas de las preguntas en este segundo tomo tampoco tienen su origen en los libros de la Biblia, de algún modo están relacionadas con temas bíblicos y su intención es que le edifiquen en su estudio de la Biblia.

Disfrute personalmente el material que descubre en este libro y compártalo con sus amigos. Esta obra se hizo para ser usada tanto individualmente como en grupos de personas. Llévelo a su estudio bíblico y utilícelo para romper el hielo; úselo en el auto como una distracción en su viaje; ¡sea creativo! Estoy seguro de que usted descubrirá muchas maneras de usar esta colección de información y humor; así que, ¡disfrútelo!

Un rápido agradecimiento y reconocimiento a mis compañeras Katheryn Willy y Rebekah Dogg por su inspiración y ayuda inolvidable. A Gillian y Matthew, por su humor, ayuda y dedicación a la serie Fascinantes preguntas y respuestas de la Biblia. Y finalmente a mis familiares, tanto viejos como jóvenes, ¡los amo mucho a todos!

—Kate Anderson, editor

Haz una pequeña oración por mí

RESPONDA BREVEMENTE

1. ¿Por qué oró Pablo después de ser amenazado por los líderes judíos en Hechos? _____

2. ¿Cuál fue la primera descripción que Dios hizo de Saulo de Tarso a Ananías?_____
_____

3. ¿De qué debía pedir perdón Simón el mago cuando Pedro le ordenó que orara? _____
_____

4. ¿Por quién oró Pablo, y se sanó, en la isla de Malta?
_____

5. ¿Qué pidieron en oración los apóstoles después de señalar a dos hombres (Barsabás y Matías) y orar por ellos? _____

RESPUESTAS PAG. 12

6. ¿Qué oración hizo Pedro acerca de Tabita?
_____

7. ¿Qué resultado hubo después que los apóstoles oraran por los siete hombres que habían escogido para cuidar a las viudas? _____
_____

8. ¿Qué estaban haciendo Pablo y Silas cuando sus cadenas se cayeron en la prisión? _____
_____

ASOCIE EL NÚMERO CON LA LETRA

1. Abraham

a. «Jehová, para ti no hay diferencia alguna en dar ayuda ... no prevalezca contra ti el hombre».

2. David

b. «[Jehová] esté con Salomón, y haga mayor su trono que el trono de mi señor el rey David».

3. Benaía

c. «Si ... dieres a tu sierva un hijo varón ... no pasará navaja sobre su cabeza».

4. Gedeón

RESPUESTAS PAG. 13

d. «En el momento en que despierto, antes de ponerme mi maquillaje, hago una pequeña oración por ti».

5. Asa

e. «Jehová Dios de Abraham, de Isaac y de Israel, sea hoy manifiesto que tú eres Dios en Israel, y que yo soy tu siervo».

6. Ezequías

f. «Ojalá Ismael viva delante de ti».

7. Dion Warwick

g. «Si has de salvar a Israel por mi mano, como has dicho ... He aquí».

8. Amós

h. «Entorpece ahora, oh Jehová, el consejo de Ahitofel».

9. Ana

i. «Te ruego, oh Jehová, te ruego que hagas memoria de que he andado delante de ti en verdad y con íntegro corazón, y que he hecho las cosas que te agradan».

10. Elías

j. «Señor Jehová, cesa ahora; ¿quién levantará a Jacob? porque es pequeño».

¡QUÉ TE PARECE!

Muchos católicos romanos rezan el 2 de noviembre, o día de todos los santos, para que se adelante la transición de sus seres queridos muertos desde el purgatorio hasta el cielo.

Los diez mejores finales de oración

10. ¡Te agradezco y buenas noches!

9. ¡Nos vemos!

8. ¡Anda en paz!

7. Hasta la vista, ¡baby!

6. Has sido un gran oyente, ¡gracias!

5. ¡Estaré aquí afuera!

4. ¡Saludos a todos por allá!

3. ¡Hasta que nos volvamos a ver!

2. ¡Maneja con cuidado!

1. ¡Hasta luego, amigo mío!

VERDADERO O FALSO

1. La palabra hebrea «amén» significa «ahora concluyo».

2. El plan egipcio para la oración era manipular a los dioses.

3. Lot oró porque su esposa llegara a ser como «la sal de la tierra».

4. Cuando los israelitas adoraron al becerro de oro, Moisés oró: «¡Oh, Dios, libérame de servir a este pueblo pagano!»

5. Moisés pidió a Dios que no mirara la ofrenda de un sacerdote en una discusión ante el altar.

6. Noemí oró porque sus nueras se volvieran a casar.

7. Elías pidió ser conocido como el siervo de Dios cuando desafió a los profetas de Baal.

8. Después que los marinos lanzaran a Jonás por la borda se deleitaron por su victoria y maldijeron a Dios.

9. Jesús oró en Getsemaní porque se hiciera la voluntad de Dios.

RESPUESTAS PAG. 13

10. Después de haber sido purificado con un carbón encendido, Isaías dijo a Dios: «Heme aquí, envíame a mí».

COMPLETE LOS ESPACIOS EN BLANCO

1. Después de la victoria de Elías sobre los profetas paganos de _____, él oró: «Basta ya, oh Jehová, quítame la _____, pues no soy yo mejor que mis _____».

2. Jonás _____ mientras estaba en el vientre del pez y luego predicó a los _____, los cuales él temía que se _____.

3. Cuando _____ confrontó a David acerca de su pecado con _____, el rey confesó: «Pequé contra _____».

4. Esdras confesó su pecado _____, lo cual llevó a un _____.

RESPUESTAS PÁG. 14

5. Después de la victoria de Abraham sobre los asaltantes que habían capturado a su _____ Lot, _____ hizo una oración para bendecir a Abraham.

6. Las vecinas de Noemí alabaron a Dios por darle a ella un _____.

7. La reina de Sabá alabó a _____ por hacer rey a _____.

8. Salomón alabó a Dios por la _____ de su nación.

9. Esdras alabó a Dios porque un rey _____ proveyera _____ para restaurar el _____.

10. Daniel pidió a Dios que le _____ _____.

BANCO DE PALABRAS

nieto   Baal   Dios   pagano

vida   sobrino   Jehová   templo

revelara   el sueño   Melquisedec

Salomón   paz   padres

Natán   públicamente   oró

Betsabé   arrepintieran   avivamiento

Fondos   de Nabucodonosor   ninivitas

MÚLTIPLES OPCIONES

1. **El rosario es una oración católica romana que consiste en quince grupos de diez:**
   A. flexiones de bíceps
   B. avemarías
   C. rosarios
   D. madremarías

RESPUESTAS
PAG. 15

2. **¿Cuál libro contiene oraciones para la mañana y la noche, así como treinta y nueve artículos de religión?**
   A. El libro de la oración
   B. Confesiones de fe, de Westminster

C. La guía completa hacia el WWJD

D. El libro de oraciones comunes

3. Las oraciones por los muertos en la teología católica se hacen por las personas que están en:

A. el purgatorio

B. el infierno

C. el cielo

D. el limbo

4. ¿Qué usan los budistas tibetanos cuando recitan mantras?

A. cadenas de oración

B. círculos de oración

C. hula-hulas

D. libros de oración

5. ¿Cuál de las declaraciones siguientes se encuentra en el padrenuestro?

A. No se haga mi voluntad sino la tuya

B. El pan nuestro de cada día, dánoslo hoy

C. Haz con nosotros así como hemos hecho con otros

D. Estoy en el ejército del Señor

6. ¿Qué famoso lugar de Jerusalén es el sitio de oración de muchos judíos?

A. el templo de Jerusalén

B. el mercado central

C. el muro de los lamentos

D. la iglesia sagrada

RESPUESTAS A:
HAZ UNA PEQUEÑA ORACIÓN POR MÍ

RESPONDA BREVEMENTE

# RESPUESTA	REFERENCIA
1. Denuedo	Hechos 4.23-31
2. Saulo estaba orando	Hechos 9.11
3. por el pensamiento de su corazón	Hechos 8.22
4. por el padre de Publio	Hechos 28.8
5. que Dios mostrara cuál de los dos debía reemplazar a Judas	Hechos 1.24
6. que resucitara de los muertos	Hechos 9.40
7. crecía en mensaje del Señor	Hechos 6.7
8. oraban y cantaban himnos	Hechos 16.25

ASOCIE EL NÚMERO CON LA LETRA

# RESPUESTA	REFERENCIA
1. f	Génesis 17.18
2. h	2 Samuel 15.31
3. b	1 Reyes 1.37
4. g	Jueces 6.36
5. a	2 Crónicas 14.11
6. i	2 Reyes 20.3
7. d	
8. j	Amós 7.5
9. c	1 Samuel 1.11
10. e	1 Reyes 18.36

VERDADERO O FALSO

# RESPUESTA	REFERENCIA
1. Falso	«Así sea»
2. Verdadero	
3. Falso	
4. Falso	Éxodo 32.31
5. Verdadero	Números 16.15

VERDADERO
O FALSO– CONTINUACIÓN

# RESPUESTA	REFERENCIA
6. Verdadero	Rut 1.9
7. Verdadero	1 Reyes 18
8. Falso, oraron	Jonás 1.14
9. Verdadero	
10. Verdadero	Isaías 6.8

COMPLETE
LOS ESPACIOS
EN BLANCO

# RESPUESTA	REFERENCIA
1. Baal, vida, padres	1 Reyes 19.4
2. oró, ninivitas, arrepintieran	Jonás 4
3. Natán, Betsabé, Jehová	2 Samuel 12.13
4. Públicamente, avivamiento	Esdras 9.10
5. sobrino, Melquisedec	Génesis 14.20
6. Nieto	Rut 4.14
7. Dios, Salomón	1 Reyes 10.9
8. Paz	1 Reyes 8.56

COMPLETE
LOS ESPACIOS
EN BLANCO– CONTINUACIÓN

# RESPUESTA	REFERENCIA
9. pagano, fondos, templo	Esdras 7.27
10. revelara el sueño de Nabucodonosor	Daniel 2.16-20

MÚLTIPLES
OPCIONES

RESPUESTA
1. b
2. d
3. a
4. b
5. b
6. c

Nárrame una historia

VERDADERO O FALSO

1. Jesús no explicó la parábola del sembrador.

2. Cuando Jesús hablaba en parábolas, decía cosas que se habían mantenido en secreto desde la fundación del mundo.

3. Jesús explicó la parábola del trigo y la cizaña a todas las personas que la oyeron.

RESPUESTAS PAG. 31

4. En la parábola del tesoro escondido, el hombre vendió todo lo que tenía para comprar un campo.

5. En la parábola de la perla de gran precio, el hombre vendió todo lo que tenía para comprarla.

6. En la parábola del patito feo, un hombre fornido canta mientras dos niños comen una casa hecha de caramelo.

7. En la parábola de la red, Dios mismo separará a los malvados de los justos.

8. Al contar la parábola de la red, Jesús preguntó a los discípulos si comprendían «todas estas cosas».

9. Según el Evangelio de Mateo, cuando Jesús terminó de decir la parábola del sembrador, del trigo y la cizaña, de la semilla de mostaza, y de la red, se fue para su casa en Nazaret.

10. La enseñanza de la parábola de la oveja perdida es que a Dios le importa cada uno de sus hijos.

MÚLTIPLES OPCIONES

1. **Jesús dijo en la parábola de la oveja perdida que no debemos menospreciar a los pequeños porque:**
   A. sus ángeles ven siempre el rostro de Dios
   B. ellos tienen el espíritu por el cual debemos clamar
   C. son simplemente hermosos
   D. sus acciones reflejan las enseñanzas de sus padres

2. **¿Cuántas ovejas tenía el pastor?**
   A. mil
   B. cien
   C. cincuenta
   D. ninguna, las perdió todas

RESPUESTAS PAG. 31

3. **La parábola de los dos deudores fue narrada en respuesta a la pregunta:**
   A. «¿Cómo se captura un pokemón?»
   B. «¿Quién será el mayor en el Reino de los cielos?»
   C. «¿Quién se sentará a la mano derecha de Jesús en el cielo?»
   D. «¿Cuántas veces perdonaré a mi hermano que peque contra mí?»

4. **La parábola de los dos deudores termina con el siervo implacable:**
   A. perdonado
   B. de pie junto a un avión, diciendo: «Este es el principio de una hermosa amistad»

C. en la cárcel y torturado

D. muerto

5. Es más difícil para un rico entrar al cielo que:

A. encontrar una aguja en un pajar

B. un camello pase por el ojo de una aguja

C. una aguja pase por el ojo de un camello

D. una oveja encuentre por sí misma cómo regresar a la manada

6. En la parábola de los obreros en la viña, el acuerdo de salario fue:

A. un denario al día

B. diez denarios al día

C. diez denarios a la semana

D. cuatro cerdos y un pollo al día

7. Jesús termina la parábola de los obreros en la viña diciendo:

A. Todos los llamados serán escogidos.

B. Soy el rey del universo.

C. Muchos son llamados, mas pocos escogidos.

D. El dueño puede escoger a quienes quiera escoger.

8. Los obreros se quejaban por

A. el calor

B. las personas que el propietario escogió

C. no les reconocían los días de vacaciones

D. el pago que recibieron

RESPONDA BREVEMENTE

1. ¿Por qué maldijo Jesús a la higuera? _____

_____

_____

2. ¿Qué dijo Jesús que los discípulos podrían hacer si tuvieran fe? _____

_____

3. ¿Quiénes dijo Jesús, en la parábola de los dos hijos, que habían creído antes que los sacerdotes y los ancianos? _____

4. ¿A quién mataron los viñadores malvados en la parábola de los labradores malvados? _____

_____

5. ¿Quiénes pensaron que esta parábola se refería a ellos mismos? _____

6. ¿Cómo reaccionaron ellos ante esta parábola?

_____

RESPUESTAS PAG. 32

7. ¿Quién hizo la fiesta en la parábola de la fiesta de bodas? _____

_____

8. ¿Cuál fue la reacción del rey ante la muerte de sus siervos?_____

_____

DESCIFRE

(Parábolas)

1. Mersadob

2. Melisla ed zasomta

3. Jevoa deprida

4. Erignves tredpunes e tanesisans

5. Nube omatasiran

RESPUESTAS
PÁG. 33

6. Vojen cori

7. Soreto disonecdo

8. Lotantes

9. Setifa de dosba

10. Sod vriseso

ASOCIE EL NÚMERO CON LA LETRA

1. Luz debajo del almud

2. El matrimonio

3. Vestido remendado

4. Levadura

5. Perla de gran precio

6. Vestido de boda

7. Diez vírgenes

8. Moneda perdida

9. Viuda persistente

10. Muchachos en la plaza

a. Principales sacerdotes y fariseos

b. Fariseos y escribas

c. Fariseos y discípulos de Juan

d. Multitudes relacionadas con Juan el Bautista

e. Discípulos en el Monte de los Olivos

f. Discípulos

g. Multitudes en la playa

RESPUESTAS
PAG. 33

COMPLETE LOS ESPACIOS EN BLANCO

1. La parábola de la higuera ilustra cómo reconocer los _____.

2. El reino de los cielos será semejante a diez _____ _____, cinco de ellas eran _____ y cinco _____.

3. La parábola de las diez vírgenes es una ilustración de lo que sucederá _____ _____.

RESPUESTAS PAG. 34

4. En la parábola de los _____, el señor felicitó al siervo _____ y _____, diciéndole: «Entra en el gozo de tu señor».

5. El siervo inútil en la parábola de los _____ será arrojado en las _____, donde será el _____ y el _____ de dientes.

6. La primera parábola en el libro de Marcos es la del _____, y viene exactamente después de que la _____ y los _____ de Jesús enviaran por Él.

7. Jesús dijo: «¿Acaso se trae la _____ para ponerla debajo del _____, o debajo de la cama? ... No hay nada _____ que no haya de ser _____».

8. La parábola del crecimiento de la semilla dice. «Así es el _____ de Dios, como cuando un hombre echa _____ en la tierra; y duerme y se levanta, de _____ y de _____; y la _____ brota y crece».

P. ¿Por qué los discípulos salieron corriendo del campo donde Jesús estaba hablando?

R. ¡Porque vieron un par de toros!

BANCO DE PALABRAS

día   victorias   escondido

nueva tierra   vírgenes   reino

noche   hermanos   tinieblas de afuera

semilla   tiempos finales   almud

talentos   luz   manifestado   oculto

fin de semana   madre   cantando

sembrador   hermana   prudentes   semilla

en la venida del Hijo del Hombre   insensatas

fiel   bueno   hermano

Las diez mejores parábolas que no aparecieron

10. Parábola del hombre extraviado (quien no se atrevía a pedir instrucciones)

9. Parábola de los borrachos en la viña

8. Parábola del cobrador

7. Parábola del buen político

6. Parábola de la abeja perdida

5. Parábola del agente talentoso

4. Parábola de la redecilla

3. Parábola de la manzana de Newton

2. Parábola del detergente inmisericorde

1. Parábola de la mancha de mostaza

NARRE UNA HISTORIA

Un día un _____ estaba caminando
SUSTANTIVO

con dos amigos cuando se aproximaron a un _____
SUSTANTIVO

por la carretera. El _____
SUSTANTIVO

_____: «¡Cielos! ¡Acabo de ver un
VERBO EN TIEMPO PASADO

_____ _____! ¡No puedo
ADJETIVO SUSTANTIVO

creerlo!» Por tanto, los dos amigos y él _____

VERBO EN TIEMPO PASADO

el _____ y lo llevaron a la _____.

SUSTANTIVO   CUARTO DE LA CASA

Invitaron a sus otros amigos a que lo _____.

VERBO

Pero uno de los amigos no creía que esta explotación era

correcta, por tanto confrontó a sus amigos. «¡Ustedes no de-

berían ser tan _____ con esto que han des-

RASGO DE CARACTER

cubierto!» Sus amigos lo escucharon y _____.

VERBO

Así dejaron que el _____ regresara al sitio

SUSTANTIVO

de donde había venido y todos vivieron en _____

AMBIENTE IDEAL

a partir de entonces.

Moraleja: _____

MORALEJA

SOPA DE LETRAS

Moneda perdida
Sembrador
Red
Perla de gran precio

Trigo y cizaña
Talentos
Gran banquete
Dos hijos

Minas
Buen samaritano
Higuera

RESPUESTAS
PAG. 35

```
K E L U Ñ P G D U J B X E I Y M P G L S
N V D O S H I J O S E N R S Ñ L E A B D
E L M T R E S C S E M B R A D O R D N I
I R P B R S T U V X Ñ P R Q S T L D A E
L X M N U E R Q S T A N I R O L A M U S
T R A P E E S T L Q U V N I V M D G R A
N P A N M I N A S A N I E S T R E D N S
M N O P Q S O S C A L P E N I T G O R D
N D A T E N I A A M E E R O T R R A L G
P R I M O S W X R M T A R M I N A V A C
A R Q U I S D D E E A T E R D R N D U V
T A L E N T O S U X Ñ R O T D I P R A D
M O N I S R Q Q G A R I I D N L R L S E
Ñ P R S E D N T I S L P R T D I E X L P
S O L P E A L M H R E F R E A P C A R D
A R P L B A R S E M I M O D R N I D L N
G M O N E D A P E R D I D A P R O M N A
P R A P O R D I S A M A R I T O D U S E
A R D P X N D R A Ñ A Z I C Y O G I R T
G A R G A N T I N E D E O R O Y P L A T
```

RESPUESTAS A:
NÁRRAME UNA HISTORIA

VERDADERO
O FALSO

# RESPUESTA	REFERENCIA	
1. Falso, no se explica	Mateo 13	
2. Verdadero	Mateo 13	Salmos 78.2
3. Falso, solamente a los discípulos	Mateo 13	
4. Verdadero	Mateo 13	
5. Verdadero	Mateo 13	
6. Falso		
7. Falso, lo harán ángeles	Mateo 13	
8. Verdadero	Mateo 13	
9. Verdadero	Mateo 13	
10. Verdadero	Mateo 18	

MÚLTIPLES
OPCIONES

# RESPUESTA	REFERENCIA
1. a	Mateo 18
2. b	Mateo 18

MÚLTIPLES
OPCIONES– CONTINUACIÓN

# RESPUESTA	REFERENCIA
3. d	Mateo 18
4. c	Mateo 18
5. b	Mateo 19
6. a	Mateo 20
7. c	Mateo 20
8. d	Mateo 20

RESPONDA
BREVEMENTE

# RESPUESTA	REFERENCIA
1. porque solo producía hojas	Mateo 21
2. echar un monte en el mar	Mateo 21
3. republicanos y rameras	Mateo 21
4. a los siervos y al hijo del dueño	Mateo 21
5. los principales sacerdotes y los fariseos	Mateo 21
6. quisieron echarle mano, pero temían al pueblo	Mateo 21
7. el rey, para su hijo	Mateo 22
8. envió sus ejércitos, destruyó a los homicidas, les quemó su ciudad y luego invitó extraños	Mateo 22

Fascinantes preguntas y respuestas de la Biblia

DESCIFRE

RESPUESTA

1. Sembrador
2. Semilla de mostaza
3. Oveja perdida
4. Vírgenes prudentes e insensatas
5. Buen samaritano
6. Joven rico
7. Tesoro escondido
8. Talentos
9. Fiesta de bodas
10. Dos siervos

ASOCIE EL NÚMERO CON LA LETRA

# RESPUESTA	REFERENCIA
1. f	Marcos 4
2. c	Mateo 9
3. c	Marcos 2
4. g	Mateo 13
5. f	Mateo 13
6. a	Mateo 22

ASOCIE EL NÚMERO CON LA LETRA– CONTINUACIÓN

# RESPUESTA	REFERENCIA
7. e	Mateo 25
8. b	Lucas 15
9. f	Lucas 18
10. d	Lucas 7

COMPLETE LOS ESPACIOS EN BLANCO

# RESPUESTA	REFERENCIA
1. tiempos finales	Mateo 24
2. vírgenes, prudentes, insensatas	Mateo 25
3. en la venida del Hijo del Hombre	Mateo 25
4. talentos, bueno, fiel	Mateo 25
5. talentos, las tinieblas, lloro, crujir	Mateo 25
6. sembrador, madre, hermanos	Marcos 4
7. luz, almud, oculto,	Marcos 4
8. reino, semilla, noche, día, semilla	Marcos 4

SOPA DE LETRAS

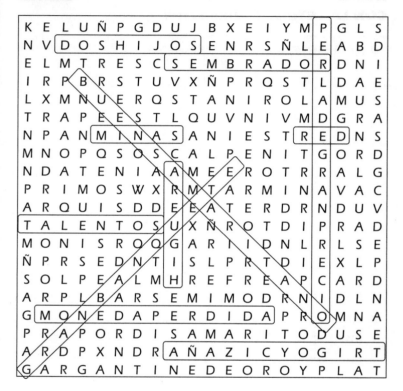

K E L U Ñ P G D U J B X E I Y M P G L S
N V D O S H I J O S E N R S Ñ L E A B D
E L M T R E S C S E M B R A D O R D N I
I R P B R S T U V X Ñ P R Q S T L D A E
L X M N U E R Q S T A N I R O L A M U S
T R A P E E S T L Q U V N I V M D G R A
N P A N M I N A S A N I E S T R E D N S
M N O P Q S O S C A L P E N I T G O R D
N D A T E N I A A M E E R O T R R A L G
P R I M O S W X R M T A R M I N A V A C
A R Q U I S D D E E A T E R D R N D U V
T A L E N T O S U X Ñ R O T D I P R A D
M O N I S R Q O G A R I I D N L R L S E
Ñ P R S E D N T I S L P R T D I E X L P
S O L P E A L M H R E F R E A P C A R D
A R P L B A R S E M I M O D R N I D L N
G M O N E D A P E R D I D A P R O M N A
P R A P O R D I S A M A R I T O D U S E
A R D P X N D R A Ñ A Z I C Y O G I R T
G A R G A N T I N E D E O R O Y P L A T

¿Qué acaba de pasar?

RESPONDA BREVEMENTE

1. ¿Con qué finalidad se construyó la torre de Babel?

_____

_____

2. ¿Cómo castigó Dios a los hombres que construyeron la torre? _____

_____

RESPUESTAS
PAG. 47

3. ¿Qué acontecimiento provocó que Dios destruyera a Sodoma? _____

4. ¿Quiénes sacaron a Lot de la ciudad y lo pusieron fuera de ella? _____
_____

ASOCIE EL NÚMERO CON LA LETRA

1. Abraham

2. Sansón

3. Rut

4. David

5. Lot

6. Nehemías

7. Bill y Ted

8. Oseas

9. Rahab

10. Ester

a. escapó de la ciudad en llamas con su esposa e hijas

b. escondió espías en su casa

c. reconstruyó un muro de la ciudad

d. se le pidió que sacrificara a su hijo

e. tuvieron una aventura excelente

f. ganó un concurso de belleza

g. destruyó un templo lleno de filisteos

h. se casó con una prostituta

i. asesinó un soldado

j. conoció a su esposo mientras trabajaba en el campo

RESPUESTAS PÁG. 47

COMPLETE LOS ESPACIOS EN BLANCO

RESPUESTAS PAG. 48

1. Rahab vivía en _____

2. Aod mató al rey _____.

3. _____ hizo matar a Urías.

4. Esta ciudad fue asaltada por Israel: _____.

5. La primera suegra de Rut fue _____.

6. Los filisteos robaron este importante artículo de los israelitas: _____.

7. Este hombre huyó de Dios hacia Tarsis: _____.

8. La esposa de Lot se convirtió en _____.

BANCO DE PALABRAS

Noemí	arca	arena	Eglón
Jonás	Bezek	sal	sal
Jericó	David	Daniel	Rahab

PONGA EN ORDEN LO SIGUIENTE

Plagas

1. moscas

2. ganado muerto

3. tinieblas sobre la tierra

RESPUESTAS PAG. 49

4. agua convertida en sangre

5. granizo

6. ranas

7. langostas

8. úlceras

9. muerte de los primogénitos

10. piojos

DIEZ MANDAMIENTOS

1. Recordar el día de reposo y guardarlo con santidad

2. No cometer adulterio

3. No tener otros dioses delante del Señor

4. No codiciar

5. Honrar a padre y madre

6. No hacerse imágenes

7. No matar

8. No mentir

9. No tomar el nombre de Dios en vano

10. No robar

¡QUÉ TE PARECE!

Un hombre aseguró haber visto el arca de Noé en el Monte Ararat en 1908, y hoy día existe una foto de ella.

VERDADERO O FALSO

1. La Pascua recuerda la liberación de Israel de manos de Egipto y es un recordatorio de que Cristo permitió vivir a los primogénitos.

2. La Fiesta de los panes sin levadura se simboliza en la época contemporánea por la comunión.

3. En el día de los primeros frutos se dedicaban los primeros frutos de la cosecha de trigo.

4. Las Fiestas de Pentecostés, la cosecha y las Semanas se simbolizan por el derramamiento del Espíritu Santo.

5. El día de las trompetas conmemora la derrota de Jericó a mano de los israelitas.

RESPUESTAS PAG. 49

6. El día de la expiación se cumplió en la crucifixión de Cristo.

7. La Fiesta de los Tabernáculos conmemora la liberación divina.

8. La Fiesta de Purim se celebraba para reconocer la bondad que Dios confirió a su pueblo debido a sus sacrificios.

MÚLTIPLES OPCIONES

1. ¿Qué hizo Moisés para separar el Mar Rojo?

A. ordenó a las aguas que se separaran

B. las golpeó con una vara

C. cantó: «Faraón, Faraón, pom pom, Dejá salir a mi pueblo

D. levantó la vara y extendió la mano

2. ¿Cuántas personas salieron de Egipto con Moisés?

A. seiscientos hombres con sus familias

B. seis mil hombres con sus familias

C. seiscientos mil hombres con sus familias

D. ninguno de los anteriores

3. ¿Dónde estaba la tierra prometida?

A. en las montañas del amorreo y en todas sus comarcas, la tierra del cananeo y el Líbano, hasta el gran Río Éufrates.

B. en las montañas del amorreo y en todas sus comarcas hasta la tierra del cananeo, pero no más allá, porque es la tierra de los pueblos paganos.

C. en las montañas humeantes y todas sus comarcas hasta las reservaciones indias de Nueva Inglaterra.

D. en toda la tierra de los cananeos y no más allá.

4. ¿Qué fluía en la tierra prometida?

A. leche

B. miel

C. jugos

D. maná

RESPUESTAS
PAG. 50

5. ¿Cuáles de los espías que entraron a Canaán pensaron que los israelitas debían proseguir?

A. Moisés y Aarón

B. Josué y Caleb

C. Romeo y Julieta

D. Rubén e Igal

6. ¿Por qué los israelitas fueron a la guerra contra los benjamitas?

A. estaban subiendo el precio del petróleo

B. asaltaron la tierra de los israelitas

C. fue violada la concubina de un levita

D. robaron el arca del pacto

7. ¿Acerca de qué era el enigma de Sansón?
   A. un león
   B. un oso
   C. no sé, pero derribó el templo
   D. una filistea

8. ¿Cómo intentó Dalila debilitar a Sansón?
   A. atándolo con cuerdas nuevas que no se habían usado
   B. atándolo con cuerdas desgastadas
   C. haciéndole cinco nudos en su cabello
   D. poniéndolo a dieta durante un mes

DESCIFRE

1. Gansirfacruniot

2. Noicrusrecre

3. Lumacdaina pereconic

4. Ficurxnioci

5. Atsan neca

6. Etesoctnpse

7. Jeivas rionesmiso

8. Balpo tane le adensirn

9. Relanjesu

10. Tesfia de dosba led rodorce

RESPUESTAS
PAG. 50

RESPUESTAS A:
¿QUÉ ACABA DE PASAR?

RESPONDA BREVEMENTE

# RESPUESTA	REFERENCIA
1. para hacerse un nombre para sí mismos	Génesis 11.4
2. confundió su lenguaje	Génesis 11.8
3. los hombres de la ciudad deseaban violar a los ángeles que se hospedaban en casa de Lot	Génesis 19.1-11
4. los ángeles sacaron a Lot, a su esposa y dos hijas	Génesis 19.16

ASOCIE EL NÚMERO CON LA LETRA

# RESPUESTA	REFERENCIA
1. d	Génesis 22
2. g	Jueces 16
3. j	Rut 2
4. i	2 Samuel 11

ASOCIE EL
NÚMERO
CON LA LETRA– CONTINUACIÓN

# RESPUESTA	REFERENCIA
5. a	Génesis 19
6. c	Nehemías 3
7. e	(película)
8. h	Oseas 1
9. b	Josué 2
10. f	Ester 2

COMPLETE
LOS ESPACIOS
EN BLANCO

# RESPUESTA	REFERENCIA
1. Jericó	Josué 2
2. Eglón	Jueces 3
3. David	2 Samuel 11
4. Bezec	Jueces 1
5. Noemí	Rut 1
6. Arca	1 Samuel 5
7. Jonás	Jonás 1
8. Sal	Génesis 19.26

PONGA LO SIGUIENTE EN ORDEN

# RESPUESTA	REFERENCIA
1. Plagas: 4, 6, 10, 1, 2, 8, 5, 7, 3, 9	Éxodo 7-12
2. Diez mandamientos: 3, 6, 9, 1, 5, 7, 2, 10, 8, 4	Éxodo 20

VERDADERO O FALSO

# RESPUESTA	REFERENCIA
1. Verdadero	Éxodo 12.27
2. Falso; la Iglesia verdadera	Juan 6; 1 Corintios 5
3. Falso; cebada	Levítico 23
4. Verdadero	Éxodo 23; Levítico 23; Números 28, Deuteronomio 16; Hechos 2
5. Falso; la consagra	Levítico 23; Número 10; mes sabático
6. Verdadero	Hebreos 9
7. Verdadero	Levítico 23
8. Falso	Liberación del genocidio durante la época de Ester: Ester 9

MÚLTIPLES OPCIONES

# RESPUESTA	REFERENCIA
1. d	Éxodo 14.16
2. c	Éxodo 12.37
3. a	Deuteronomio 1.5-8
4. a,b	Éxodo 3.8
5. b	Números 14
6. c	Jueces 20
7. a	Jueces 14
8. a	Jueces 16

DESCIFRE

 # RESPUESTA

1. Transfiguración
2. Resurrección
3. Inmaculada recepción
4. Crucifixión
5. Santa cena
6. Pentecostés
7. Viajes misioneros
8. Pablo ante el sanedrín
9. Jerusalén
10. Fiesta de bodas del Cordero

¿Cuándo?

ARCHIVOS HISTÓRICOS

COMPLETE LOS ESPACIOS EN BLANCO

1. El Papa Félix instituyó el _____
_____ en el año 487.

2. El monje Dionisio Exiguus inventó el término
_____ en el año 532.

RESPUESTAS PAG. 62

3. Jesucristo llamó a los _____ en el año 31.

4. Félix fue _____ en Palestina desde
el 58 hasta el 62.

5. El apóstol Tomás fue martirizado en _____
en el año 50.

6. El _____ de Juan se escribió aproximadamente en el año 95.

7. El templo de _____ fue destruido en el año 884 a.C.

8. _____ reinó en Asiria en el año 2245 a.C.

BANCO DE PALABRAS

año del Señor	Apocalipsis	Nimrod
miércoles de ceniza	Baal	doce discípulos
procurador romano	Jerusalén	India

PONGA EN ORDEN LO SIGUIENTE

(De lo más antiguo a lo más reciente)

1. El rey David termina su reinado

2. La primera competencia olímpica

3. Se llevan a cabo acontecimientos en los Hechos de los Apóstoles

RESPUESTAS PAG. 62

4. Aparecen en la India bananos y té

5. Los amonitas atacan a Israel

6. El ejército de Senaquerib destruye a Jerusalén

7. Mahoma se anuncia como el «Mensajero de Dios» y funda el islamismo

8. Están en actividad los profetas Amós y Oseas

9. El rey Acab adora a Baal

10. Nace Jesucristo

VERDADERO O FALSO

1. El período de los jueces duró desde el año 1375 a.C. al 1050 a.C.

2. Aod fue juez por sólo tres años.

3. Ester gobernó como reina en el siglo quinto a.C.

4. El Templo fue destruido en Jerusalén aproximadamente en el 608 a.C.

RESPUESTAS PAG. 64

5. El tabernáculo fue construido aproximadamente en el 1444 a.C. por artesanos señalados de modo divino.

6. Trajano era emperador romano en el año 100 d.C.

7. Los romanos destruyeron el templo de Herodes poco antes de la muerte de Cristo.

8. Pablo se convirtió casi una década después de la muerte de Cristo.

9. El primer viaje misionero de Pablo fue aproximadamente entre diez y quince años después de su conversión.

10. Pablo estaba en sus cincuenta cuando hizo sus viajes misioneros y tenía casi ochenta años cuando murió.

RESPONDA BREVEMENTE

1. Lla torre de Babel, construida en el 2247 a.C., ¿fue un suceso ocurrido antes o después de Noé y el diluvio? _____

2. ¿Qué no usaban lo egipcios que los asirios sí usaban y, que en 1490 a.C. a los judíos se les prohibió estropear? _____

3. ¿Qué se construyó en Belén, en el año 325 d.C., en el supuesto sitio en que nació Cristo?
_____

RESPUESTAS PAG. 64

4. ¿En qué siglo tanto Japón como Rusia hicieron traducciones de la Biblia a sus idiomas?
_____

5. Abraham se estableció en Canaán en el 1921 a.C.;
¿cuándo lo dividió Josué? _____

_____

6. ¿Cuándo comenzó la canonización de mártires y
hombres piadosos como santos? _____

_____

7. ¿Qué celebra el día de los inocentes que se realiza el
28 de diciembre? _____

_____

ASOCIE EL NÚMERO CON LA LETRA

RESPUESTAS PAG. 65

Mes del Año	Nombre del mes judío	Equivalencia moderna
1°	Sabat	enero-febrero
2°	Tishri	junio-julio
3°	Iyyar	noviembre-diciembre
4°	Tammuz	abril-mayo
5°	Kislev	septiembre-octubre
6°	Adar	julio-agosto
7°	Nisán	febrero-marzo
8°	Etul	mayo-junio

9°	Marhesván	marzo-abril
10°	Tébet	octubre-noviembre
11°	Ab	diciembre-enero
12°	Siván	agosto-septiembre

MÚLTIPLES OPCIONES

1. **Con relación al rey David, Elías y Eliseo vivieron:**
   A. cien años antes que él
   B. cien años después de él
   C. al mismo tiempo que él
   D. doscientos años antes que él

RESPUESTAS PÁG. 66

2. **Miqueas e Isaías advirtieron a los israelitas aproximadamente en el 773 a.C. que la siguiente nación sería un instrumento del desagrado de Dios contra ellos:**
   A. Babilonia
   B. Roma
   C. Egipto
   D. Asiria

3. **El sacrificio animal más común entre los reinos indios alrededor del año 600 a. C. era de**
   A. caballos
   B. palomas

C. cangrejos

D. corderos

4. El libro de Daniel, escrito en el 165 a.C., habla de hechos durante su cautiverio babilonio que ocurrió

A. cien años antes

B. mil años antes

C. cincuenta años después

D. cuatrocientos años antes

5. 1 y 2 Crónicas se terminaron aproximadamente en el mismo tiempo en que ocurrió este acontecimiento importante:

A. la visión de Mahoma

B. la visión de Buda

C. la televisión

D. la formación de India como nación

6. ¿Qué profesión tenía Esdras, quien llevó a los judíos de regreso a Jerusalén en el año 458 a.C.?

A. mago babilonio

B. sacerdote y escriba babilonio

C. profeta y líder israelita

D. sacerdote israelita

7. ¿Quién destruyó el templo de Jehová en el Río Nilo, en el año 410 a.C.?

A. partidarios del régimen israelita

B. extraterrestres del planeta Nebali

C. rebeldes asirios

D. sacerdotes egipcios

8. **¿Cuándo estableció su dinastía asmoneana Simón Macabeo, héroe del libro apócrifo que lleva su nombre?**
   A. 142-135 a.C.
   B. 521-490 a.C.
   C. en la era gregoriana
   D. 200-300 d.C.

¡QUÉ TE PARECE!

El día del año en el calendario judío en que Jesús resucitó de los muertos es el mismo día del año en que el arca se posó en el Monte Ararat.

Los diez mejores acontecimientos en la historia bíblica no registrados en la Biblia

10. Moisés parte su cabellera

9. Pedro camina sobre el agua en la bañera

8. El asna de Balaam conoce a Pinocho

7. Pedro corta una oreja en una corrida de toros

6. José recibe sus calcetines de varios colores

5. La tragedia de Matusalén al saltar en el banyi

4. Salomón se queda encerrado en un armario

3. A Daniel lo echan en la sala de estar del león

2. Noé lleva a su familia a una cena en el arca

1. David vacía su pistola de agua sobre Goliat

RESPUESTAS A:
¿CUÁNDO?

COMPLETE LOS ESPACIOS EN BLANCO

#	RESPUESTA
1.	miércoles de ceniza
2.	año del Señor
3.	doce discípulos
4.	procurador romano
5.	India
6.	Apocalipsis
7.	Baal
8.	Nimrod

PONGA EN ORDEN LO SIGUIENTE

#	RESPUESTA	FECHA
1.	Aparecen en la India bananos y té	2000 a.C.
2.	Los amonitas atacan a Israel	1143 a.C.

PONGA
EN ORDEN
LO SIGUIENTE– CONTINUACIÓN

# RESPUESTA	FECHA
3. El rey David termina su reinado	961 a.C.
4. El rey Acab adora a Baal	918 a.C.
5. La primera competencia olímpica	776 a.C.
6. Están en actividad los profetas Amós y Oseas	765-735 a.C.
7. El ejército de Senaquerib destruye a Jerusalén	700 a.C.
8. Nace Jesucristo	4 a.C.
9. Se llevan a cabo acontecimientos en los Hechos de los Apóstoles	63 d.C.
10. Mahoma se anuncia como el «Mensajero de Dios» y funda el islamismo	610 d.C.

VERDADERO O FALSO

# RESPUESTA	REFERENCIA
1. Verdadero	
2. Falso; ochenta	Jueces 3.30
3. Verdadero	
4. Verdadero	
5. Verdadero	
6. Verdadero	
7. Falso; 70 d.C.	
8. Falso; 34-35 d.C.	Hechos 9.1-19
9. Verdadero	
10. Falso; murió a los sesenta o setenta años	Hechos 28

RESPONDA BREVEMENTE

RESPUESTA

1. después
2. las barbas
3. un convento
4. en el siglo diecinueve
5. en el año 1445 a.C.

RESPONDA
BREVEMENTE– CONTINUACIÓN

RESPUESTA
6. en el año 800 d.C.
7. se recuerda a los santos inocentes

ASOCIE EL
NÚMERO
CON LA LETRA

# RESPUESTA		
1°	Nisán	marzo-abril
2°	Iyyar	abril-mayo
3°	Siván	mayo-junio
4°	Tammuz	junio-julio
5°	Ab	julio-agosto
6°	Etul	agosto-septiembre
7°	Tishri	septiembre-octubre
8°	Marhesván	octubre-noviembre
9°	Kislev	noviembre-diciembre
10°	Tébet	diciembre-enero
11°	Sabat	enero-febrero
12°	Adar	febrero-marzo

MÚLTIPLES OPCIONES

RESPUESTA

1. b

2. d

3. a

4. d

5. b

6. b

7. d

8. a

CUÁNDO SE ESCRIBIERON (O RECOPILARON) LOS LIBROS

ANTIGUO TESTAMENTO EN ORDEN CANÓNICO

Génesis	aprox. 1400 a.C.
Éxodo	aprox. 1400 a.C.
Levítico	aprox. 1400 a.C.
Números	aprox. 1400 a.C.
Deuteronomio	aprox. 1400 a.C.
Josué	1235 a.C.
Jueces	1025 a.C.
Rut	990 a.C.
1 Samuel	1000-850 a.C.
2 Samuel	1000-850 a.C.
1 Reyes	970-850 a.C.
2 Reyes	850-586 a.C.
1 Crónicas	350 a.C.
2 Crónicas	350 a.C.
Esdras	445 a.C.
Nehemías	445 a.C.
Ester	486-465 a.C.
Job	aprox. 900 a.C.
Salmos	970-500 a.C.
Proverbios	aprox. 900 a.C.
Eclesiastés	962-922 a.C.

Cantares	962-922 a.C.
Isaías	700-680 a.C.
Jeremías	585 a.C.
Lamentaciones	585 a.C.
Ezequiel	593-571 a.C.
Daniel	605-530 a.C.
Oseas	755-715 a.C.
Joel	835-796 a.C.
Amós	765-750 a.C.
Abdías	848-841 a.C.
Jonás	780-750 a.C.
Miqueas	700-690 a.C.
Nahum	630-612 a.C.
Habacuc	625 a.C.
Sofonías	aprox. 621 a.C.
Hageo	520 a.C.
Zacarías	520-515 a.C.
Zacarías (capítulos 9-14)	después del 500 a.C.
Malaquías	450 a.C.

ANTIGUO TESTAMENTO EN ORDEN CRONOLÓGICO

Génesis	aprox. 1400 a.C.
Éxodo	aprox. 1400 a.C.
Levítico	aprox. 1400 a.C.

Números	aprox. 1400 a.C.
Deuteronomio	aprox. 1400 a.C.
Josué	1235 a.C.
Jueces	1025 a.C.
1 Samuel	1000-850 a.C.
2 Samuel	1000-850 a.C.
Rut	990 a.C.
1 Reyes	970-850 a.C.
Salmos	970-500 a.C.
Eclesiastés	962-922 a.C.
Cantares	962-922 a.C.
Job	aprox. 900 a.C.
Proverbios	aprox. 900 a.C.
2 Reyes	850-586 a.C.
Abdías	848-841 a.C.
Joel	835-796 a.C.
Jonás	780-750 a.C.
Amós	765-750 a.C.
Oseas	755-715 a.C.
Miqueas	700-690 a.C.
Isaías	700-680 a.C.
Nahum	630-612 a.C.
Sofonías	aprox. 621 a.C.
Habacuc	625 a.C.
Daniel	605-530 a.C.

Ezequiel	593-571 a.C.
Jeremías	585 a.C.
Lamentaciones	585 a.C.
Hageo	520 a.C.
Zacarías	520-515 a.C.
Zacarías (capítulos 9-14) después del 500 a.C.	
Ester	486-465 a.C.
Malaquías	450 a.C.
Esdras	445 a.C.
Nehemías	445 a.C.
1 Crónicas	350 a.C.
2 Crónicas	350 a.C.

NUEVO TESTAMENTO EN ORDEN CANÓNICO

Mateo	75 d.C.
Marcos	60s d.C.
Lucas	58-63 d.C.
Juan	90-100 d.C.
Hechos	63 d.C.
Romanos	56-58 d.C.
1 Corintios	54-55 d.C.
2 Corintios	55-56 d.C.
Gálatas	55-56 d.C.
Efesios	61-62 d.C.

Filipenses	61-62 d.C.
Colosenses	62-63 d.C.
1 Tesalonicenses	51-52 d.C.
2 Tesalonicenses	51-52 d.C.
1 Timoteo	64 d.C.
2 Timoteo	64 d.C.
Tito	64 d.C.
Filemón	62 d.C.
Hebreos	68 d.C.
Santiago	45 d.C.
1 Pedro	64 d.C.
2 Pedro	66 d.C.
1 Juan	85-90 d.C.
2 Juan	96 d.C.
3 Juan	97 d.C.
Judas	90 d.C.
Apocalipsis	96 d.C.

NUEVO TESTAMENTO EN ORDEN CRONOLÓGICO

Santiago	45 d.C.
1 Tesalonicenses	51-52 d.C.
2 Tesalonicenses	51-52 d.C.
1 Corintios	54-55 d.C.
2 Corintios	55-56 d.C.

Gálatas	55-56 d.C.
Lucas	58-63 d.C.
Romanos	56-58 d.C.
Marcos	60s d.C.
Efesios	61-62 d.C.
Filipenses	61-62 d.C.
Filemón	62 d.C.
Colosense	62-63 d.C.
Hechos	63 d.C.
1 Timoteo	64 d.C.
2 Timoteo	64 d.C.
Tito	64 d.C.
1 Pedro	64 d.C.
2 Pedro	66 d.C.
Hebreos	68 d.C.
Mateo	75 d.C.
1 Juan	85-90 d.C.
Judas	90 d.C.
Juan	90-100 d.C.
2 Juan	96 d.C.
Apocalipsis	96 d.C.
3 Juan	97 d.C.

¿En qué parte del mundo?

1. El Edén estaba irrigado por

A. lluvia

B. un río

C. Adán y Eva

D. ángeles

RESPUESTAS
PAG. 83

2. ¿Dónde se posó el arca después del diluvio?

A. Monte Ararat

B. Monte de los Olivos

C. Monte Horeb

D. Monte Everest

¡QUÉ TE PARECE!

El salmo 117 es exactamente la mitad de la Biblia y también el capítulo más corto, ¡con solo dos versículos!

---

3. ¿Qué nombre dio Jacob al lugar donde tuvo una visión acerca de una escalera que llegaba al cielo?

A. Luz

B. Bet-el

C. Cuadrilátero

D. Labán

4. ¿A qué ciudad huyó Moisés después de matar al egipcio?

A. Canaán

B. Edom

C. Madián

D. Nueva York

5. Antes de su ascensión, Jesús dijo a sus discípulos que fueran testigos en:

A. Jerusalén

B. Judea y Samaria

C. lo último de la tierra

D. todo lo anterior

6. ¿Dónde se reunieron los discípulos para esperar la llegada del Espíritu Santo?

A. el Templo

B. el aposento alto

C. el Monte de los Olivos

D. el Gólgota

7. ¿Cuál es el nombre del pórtico en el Templo?

A. la sala de la corte

B. el pórtico de Salomón

C. el salón del hijo

D. el pórtico de David

8. ¿Qué clase de terreno atraviesa el camino de Jerusalén a Gaza?

A. desierto

B. campaña

C. montañas
D. realidad virtual

ASOCIE EL NÚMERO CON LA LETRA

Lugar	Suceso
1. Ur	a. Tierra natal de Job
2. Sodoma y Gomorra	b. Se dan los diez mandamientos
3. Jericó	c. Alicia cae en un hoyo
4. Moab	d. Vida primitiva de Abram
5. Uz	e. Rahab vive y ayuda a los espías
6. Susa	f. Sacrificio en desobediencia de Saúl
7. Maravillas	g. Torre de Babel
8. Gilgal	h. Ester se convierte en reina
9. Monte Sinaí	i. Muere Moisés
10. Sinar	j. Dios los destruyó

RESPUESTAS PAG. 83

DESCIFRE

1. Deen

2. Reocji

3. Doosam

4. Ru

5. Resial

6. Ibonalabi

RESPUESTAS
PAG. 84

7. Zaratne

8. Mora

9. Nosredl

10. Nitorco

COMPLETE LOS ESPACIOS EN BLANCO

1. José llevó a su familia a _____ para que Herodes no pudiera matar a Jesús.

2. _____ era el rey en Judea cuando Jesús nació en Belén.

3. «Tú, _____, que eres levantada hasta el cielo, hasta el Hades serás abatida», fue una profecía de _____ acerca de la ciudad.

RESPUESTAS PAG. 85

4. Jesús le dijo a Pedro que le daría las llaves del _____.

5. Jesús acordó encontrarse con sus discípulos en _____ después de resucitar.

BANCO DE PALABRAS

Reino de los cielos	Judea	Capernaum
Herodes	Galilea	Egipto

Los diez mejores mandamientos que no se dieron en el Monte Sinaí

10. Seguirás la corriente a tu padre y a tu madre

9. No mascullarás

8. No quitarás las etiquetas de los colchones

7. Recuerda tu queso suizo y manténlo santo

6. Recuerda ducharte y hazlo diariamente

5. No prenderás tu equipo de sonido a todo volumen

4. No te pondrás nada intravenoso

3. Tratarás de no robar

2. No codiciarás el auto nuevo de tu prójimo

1. No dejarás comida en el plato

1. Jesús llegó desde Nazaret para ser bautizado por Juan el Bautista.

2. Jesús fue tentado en el Monte de los Olivos.

RESPUESTAS PAG. 85

3. Simón y Santiago eran de Betsaida, pero tenían casas en Capernaum.

4. La familia de Juan el Bautista vivía en una ciudad de Judá en una región montañosa.

5. Nazaret era conocida como «La ciudad de David».

6. Capernaum fue la base de los viajes de Jesús durante su ministerio.

7. Jesús purificó el Templo durante la pascua en Belén.

8. Jesús estaba en Galilea, cerca del mar, cuando los judíos tomaron piedras para matarlo por blasfemar.

9. Los judíos llevaron a Jesús de casa de Caifás al pretorio, pero no entraron para no contaminarse.

10. Los apóstoles estaban en Jerusalén cuando Jesús les dijo que esperaran la promesa del Padre.

PONGA EN ORDEN LO SIGUIENTE

(Primer viaje misionero de Pablo de principio a fin)

1. Antioquía

2. Antioquía de Pisidia

3. Derbe

4. Seleucia

RESPUESTAS PAG. 86

5. Pafos

6. Pérgamo

7. Atalia

8. Iconio

9. Listra

10. Salamina

(algunas se usarán dos veces)

RESPUESTAS A:
EN QUÉ PARTE DEL MUNDO

MÚLTIPLES OPCIONES

# RESPUESTA	REFERENCIA
1. b	Génesis 2.10
2. a	Génesis 8.4
3. b	Génesis 28.19
4. c	Éxodo 2.15
5. d	Hechos 1.8
6. b	Hechos 1.13
7. b	Hechos 3.11
8. a	Hechos 8.26

ASOCIE EL NÚMERO CON LA LETRA

# RESPUESTA	REFERENCIA
1. d	Génesis 11
2. j	Génesis 19
3. e	Josué 2
4. i	Deuteronomio 34.5

ASOCIE EL
NÚMERO
CON LA LETRA– CONTINUACIÓN

# RESPUESTA	REFERENCIA
5. a	Job 1
6. h	Ester 1.2
7. c	Alicia en el país de las maravillas
8. f	2 Samuel 2.4
9. b	Éxodo 19
10. g	Génesis 11

DESCIFRE

# RESPUESTA	REFERENCIA
1. Edén	
2. Jericó	
3. Sodoma	
4. Ur	
5. Israel	
6. Babilonia	
7. Nazaret	
8. Roma	
9. Londres	
10. Corinto	

COMPLETE
LOS ESPACIOS
EN BLANCO

# RESPUESTA	REFERENCIA
1. Egipto	Mateo 2.14
2. Herodes	Mateo 2.1
3. Capernaum, Jesús	Mateo 11.23
4. Reino de los cielos	Mateo 16.18-19
5. Galilea	Mateo 28.10

VERDADERO
O FALSO

# RESPUESTA	REFERENCIA
1. Verdadero	Marcos 1.9
2. Falso	Marcos 1.12-13
3. Falso	Juan 1.44
4. Verdadero	Lucas 1.39-66
5. Falso	Lucas 2.4
6. Verdadero	Lucas 4.31
7. Falso	Juan 2.13-16
8. Falso	Juan 10.23,31
9. Verdadero	Juan 18.28
10. Verdadero	Hechos 1.4

PONGA
EN ORDEN
LO SIGUIENTE

# RESPUESTA	REFERENCIA
1. Antioquía (en Siria)	Hechos 13
2. Seleucia (en Siria)	Hechos 13
3. Salamina (en Chipre)	Hechos 13
4. Pafos (en Chipre)	Hechos 13
5. Pérgamo (costa mediterránea)	Hechos 13
6. Antioquía de Pisidia (en Frigia)	Hechos 13
7. Iconio (en Licaonia)	Hechos 14
8. Listra (en Licaonia)	Hechos 14
9. Derbe (en Licaonia)	Hechos 14
10. Regresa a Listra	
11. Regresa a Iconio	
12. Regresa a Antioquía de Pisidia	
13. Regresa a Pérgamo	
14. Va a Atalia	
15. Regresa a Seleucia	
16. Regresa a Antioquía	

Asuntos de mujeres

MÚLTIPLES OPCIONES

1. Según la historia del Génesis, la función de Eva era la de:
A. ayuda de Adán
B. administradora
C. cuidadora de los animales
D. agricultora

RESPUESTAS
PAG. 99

¡QUÉ TE PARECE!

¡El libro de Ester, al igual que Cantar de los cantares, ni siquiera menciona el nombre de Dios!

2. Más espacio se dedica a esta mujer que a cualquier otra en la Biblia:
A. Eva
B. Sara
C. Ester
D. Shakira

3. ¿Cuál es la única esposa que se nombra en los «héroes de la fe»?
A. Sara
B. Rut

C. Lidia

D. Ester

4. Agar fue la madre de:

A. Mefi-boset

B. Jacob

C. Tarzán

D. Ismael

5. El nombre de Rut significa:

A. visión, amistad

B. honor, lealtad

C. hija de Dios

D. gran bailarina

6. ¿De qué fue acusada Ana cuando oraba pidiendo un hijo?

A. hechicera

B. ladrona de autos

C. borracha

D. perezosa

7. ¿Qué relación tuvo Mical con Saúl?

A. esposa

B. hija

C. hermana

D. ninguna

8. ¿Qué sucedió a Mical cuando se burló de la danza de David?

A. perdió la voz

B. perdió sus ovejas

C. perdió la vista

D. perdió la capacidad de tener hijos

9. A Abigail, la esposa de Nabal, se le describe como:

A. hermosa

B. inteligente

C. atrevida

D. sabia con dinero

10. ¿A qué persona acudió Saúl cuando quiso saber si se mantendría como rey o no?

A. la médium de Barnun y Bailey

B. la hechicera de Siquem

C. la bruja de Bezel

D. la adivina de Endor

11. ¿Cómo llegó Dios en ayuda de Débora, la juez?

A. envió un diluvio para destruir al enemigo

B. derribó al pueblo con un poderoso mazo

C. envió una tormenta violenta

D. envió un terremoto

12. El asesino de Abimelec fue:

A. un cerdo endemoniado

B. una mujer

C. un niño

D. el cigarrillo

VERDADERO O FALSO

1. Nunca se menciona el nombre de la esposa de Lot

2. Rebeca fue novia de Jacob

3. Rebeca tomó personalmente la decisión de casarse y de dejar su hogar.

4. Raquel dio a luz el hijo favorito de Jacob.

RESPUESTAS PAG. 99

5. Los ojos de Lea eran «delicados» o «débiles».

6. Dina era una de las hijas de Jacob.

7. Tamar se disfrazó como una adivina para acostarse con su suegro por medio del engaño.

8. Moisés envió a su esposa Séfora a vivir de nuevo en casa de su padre.

9. Moisés se casó con una mujer etíope.

10. María quedó leprosa después de murmurar contra la elección que Moisés hiciera de una esposa.

COMPLETE LOS ESPACIOS EN BLANCO

1. Rebeca favorecía a _____ sobre _____.

2. Raquel estaba _____ cuando conoció a Jacob.

3. Dina fue _____ por el príncipe de Siquem.

4. _____ fue la madre de Moisés.

5. María, la hermana de Moisés, tenía dones de _____ y _____.

RESPUESTAS PAG. 100

BANCO DE PALABRAS

cuidando ovejas   música   Jacob

Profetisa   Esaú   Jocabed

fabricando ollas

SOPA DE LETRAS

La esposa de Lot	Elisabet	Marta
Tamar	Jezabel	Dorcas
Lidia	Safira	Noemí
La sirofenicia	Abigaíl	Orfa
Rebeca	La virgen María	Dalila
María	Rahab	Dina
Ana	Eva	

RESPUESTAS PAG. 101

```
B N R S T D A L I L A X N O I D L S T J
A L M R O S I T A L I B O R D A L I E N
I P A M L S T O D N R A X L M L J Z P O
A R M E D R A N T I A D D O R C A S I L
D K L N S P E N I T M E N E N B A C A S
L I N O A P R E N D I O S T E M W L P D
A O P N C T O D E L X T A L I D I A E R
S E F E R E Ñ S D R I O I L O F O R A E
I N M L N O N D A N E T O D R E M I N L
R E S P O E C O R D R E C O A D R A A L
O A U T E L I S A B E T L A H C O V A I
F O R T M A P A R E D L I T A N S V B O
E E N T I A R D E N T E O I B T I E I N
N R A C A T E N E D E R N T A R G N G A
I A O R E B E C A D E C A M G A R T A S
C R O A N D I N E T R A V E S T R E I Ñ
I Ñ A R E V A D C A L M N A N G E L L D
A L A M U E R T A M D M O N I D O N A T
O P O R T U N D R A A P A R D E I F O R
E O R F A D E L I R E M O R D L A N A X
D I A S F O R D I A N D E P T E N I A L
A U T O R D N A P E N S C S S A F I R A
O R F E L I N A D E B A L T A Z A R E S
P E R M A N G A N A T O D E P O T A S I
A V E N A D E L I C I O S A Y C A Ñ A D
E A Z U C A R A L G O D O N D E D U L C
```

Las diez mejores maneras en que Dalila intentó quitar la fuerza de Sansón antes de cortarle el cabello

10. Fastidió, fastidió, fastidió

9. Trenzó los pelos de la nariz con siete nudos

8. Hizo que él viera películas tontas

7. Le tiró a la basura sus camisetas viejas de la universidad

6. Solamente le daba sobras por comida

5. Pasaba una hora diaria cada mañana acicalándose

4. Decoró la tienda en tonos pasteles

3. Le criticaba el modo de conducir

2. Le recordaba constantemente la lista de cosas por hacer

1. Llevó a la madre de ella a vivir con ellos

DESCIFRE

1. Aferso

2. Qualre

3. Tur y Omnei

4. Arami Nagalemda

5. Braah

6. Etbesba

7. Arsa

8. Arima y Tarma

9. Lezbeja

10. Cebera

RESPUESTAS PÁG. 102

ASOCIE EL NÚMERO CON LA LETRA

1. Maala, Noa, Hogla, Milca y Tirsa

2. Rahab

3. Acsa

4. Débora

5. Jael

6. La madre de Sansón

a. el padre la ofreció como esposa al que venciere a Quiriat-sefer

b. su nombre significa «abeja»

c. cortó el cabello a Sansón

d. Booz fue uno de sus vástagos

e. un ángel le informó que tendría un hijo

f. su hijo le robó mil piezas de plata

7. Dalila

g. libres para escoger esposos y heredar tierra

8. La madre de Micaía

h. violadas como retribución por la muerte de la concubina del levita

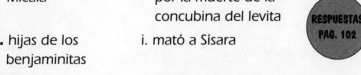

RESPUESTAS
PAG. 102

9. hijas de los benjaminitas

i. mató a Sísara

10. Orfa

j. la otra nuera de Noemí

RESPONDA BREVEMENTE

1. ¿A quién proveyó Elías constante pan y aceite?
_____
_____

2. ¿A qué dios adoraba Jezabel? _____
_____

3. ¿Qué profecía se cumplió cuando murió la reina Jezabel? _____
_____

4. ¿Qué amenaza tenía la viuda cuando llegó a El en busca de consejo? _____
_____

RESPUESTAS
PAG. 103

5. ¿Con qué bendijo Eliseo a la sunamita? _____
_____

RESPUESTAS A:
ASUNTOS DE MUJERES

MÚLTIPLES OPCIONES

# RESPUESTA	REFERENCIA
1. a	Génesis 2.18
2. b	
3. a	Hebreos 11
4. d	Génesis 16
5. a	
6. c	1 Samuel 1
7. b	2 Samuel
8. d	2 Samuel 6.23
9. a,b	1 Samuel 25
10. d	1 Samuel 28
11. c	Jueces 5.4
12. b	Jueces 9

VERDADERO O FALSO

# RESPUESTA	REFERENCIA
1. Verdadero	Génesis 13_19
2. Falso; Isaac	Génesis 24

VERDADERO
O FALSO– CONTINUACIÓN

# RESPUESTA	REFERENCIA
3. Verdadero	Génesis 24.57-58
4. Verdadero	Génesis 30
5. Verdadero	Géneis 29.17
6. Falso; era su única hija	Génesis 34
7. Falso; se disfrazó como una prostituta	Génesis 38
8. Verdadero	Éxodo 18.2-3
9. Verdadero	Números 12
10. Verdadero	Números 12

COMPLETE
LOS ESPACIOS
EN BLANCO

# RESPUESTA	REFERENCIA
1. Jacob, Esaú	Génesis 25.28
2. cuidando ovejas	Génesis 29
3. Violada	Génesis 34
4. Jocabed	Éxodo 6.20
5. música, profetisa	Éxodo 15.20

SOPA DE LETRAS

```
B N R S T D A L I L A X N O I D L S T J
A L M R O S I T A L I B O R D A L I E N
I P A M L S T O D N R A X L M L J Z P O
A R M E D R A N T I A D D O R C A S I L
D K L N S P E N I T M E N E N B A C A S
L I N O A P R E N D I O S T E M W L P D
A O P N C T O D E L X T A L I D I A E R
S E F E R E Ñ S D R I O I L O F O R A E
I N M L N O N D A N E T O D R E M I N L
R E S P O E C O R D R E C O A D R A A L
O A U T E L I S A B E T L A H C O V A I
F O R T M A P A R E D L I T A N S V B O
E E N T I A R D E N T E O I B T I E I N
N R A C A T E N E D E R N T A R G N G A
I A O R E B E C A D E C A M G A R T A S
C R O A N D I N E T R A V E S T R E I Ñ
I Ñ A R E V A D C A L M N A N G E L L D
A L A M U E R T A M D M O N I D O N A T
O P O R T U N D R A A P A R D E I F O R
E O R F A D E L I R E M O R D L A N A X
D I A S F O R D I A N D E P T E N I A L
A U T O R D N A P E N S C S S A F I R A
O R F E L I N A D E B A L T A Z A R E S
P E R M A N G A N A T O D E P O T A S I
A V E N A D E L I C I O S A Y C A N A D
E A Z U C A R A L G O D O N D E D U L C
```

DESCIFRE

1. Séfora

2. Raquel

3. Rut y Noemí

4. María Magdalena

5. Rahab

6. Betsabé

7. Sara

8. Marta y María

9. Jezabel

10. Rebeca

ASOCIE
EL NÚMERO
CON LA LETRA

# RESPUESTA	REFERENCIA
1. g	Números 27
2. d	Mateo 1.5
3. a	Josué 15.16
4. b	
5. i	Jueces 4.21
6. e	Jueces 13

ASOCIE EL NÚMERO CON LA LETRA– CONTINUACIÓN

# RESPUESTA	REFERENCIA
7. c	Jueces 16
8. f	Jueces 17
9. h	Jueces 19_20
10. j	Rut 1

RESPONDA BREVEMENTE

# RESPUESTA	REFERENCIA
1. la viuda de Sarepta	1 Reyes 17
2. Baal	1 Reyes 18
3. que los perros comerían su cuerpo	1 Reyes 21
4. la pérdida de sus hijos	2 Reyes 4
5. Fertilidad	2 Reyes 4_8

Otros títulos indispensables para estudiar la Biblia

0899223826

0899223885

0899222854

0899225306

0899226280

0899224954

0899226507

0899225047

0899225934